AF311244

LE
LIVRE DES PROMENADES DE PARIS

MÉMOIRE

À Monsieur le Président,

Et à Messieurs les Juges du Tribunal civil de la Seine.

M. Jules PRAT

Avocat, ancien Conseiller de Préfecture, homme de Lettres

CONTRE

M. Adolphe ALPHAND

Inspecteur Général des Ponts-et-Chaussées en retraite, Directeur des Travaux de la Ville de Paris

---

PARIS

IMPRIMERIE BREVETÉE DE CHARLES BLOT

7 — RUE BLEUE — 7

1889

AVIS

Sans défenseur, avant que l'honorable M. Charles Le Senne voulût bien se charger de sa cause, le requérant avait résolu de soutenir lui-même son droit.

C'est pourquoi il a écrit ce mémoire, qu'il présente aujourd'hui tel qu'il fut rédigé alors.

Novembre 1888.

LE LIVRE DES PROMENADES DE PARIS

MÉMOIRE

A Monsieur le Président,

Et à Messieurs les Juges du Tribunal civil de la Seine,

Messieurs,

L'ami qui avait bien voulu se charger de mon affaire, le regretté Cyprien Abbadie, est décédé il y a quelques mois.

N'ayant personne pour le remplacer, je me suis décidé, malgré une santé languissante et mon inexpérience dans l'art de bien dire, à plaider moi-même ma cause, comptant sur toute l'indulgence du Tribunal.

L'affaire est si claire, au surplus, si nette, si précise ; les preuves sont tellement surabondantes et incontestables, qu'il n'est besoin ni d'habileté de parole, ni d'artifices de langage, ni d'effets oratoires, pour porter la conviction dans les esprits.

Je ne me dissimule toutefois, en aucune façon, Messieurs, mon infimité, ma petitesse, non plus que mon manque de prestige et la nullité de mon influence, en présence du puissant personnage à qui je m'adresse. Aussi, plusieurs personnes amies, apprenant ma résolution d'intenter une action à un tel potentat, m'en ont fortement dissuadé, en me disant :

« C'est la lutte du pot de terre contre le pot de fer : Vous serez brisé. »

A quoi j'ai répondu :

« Devant la justice, devant des magistrats intègres il n'y a ni pot de terre, ni pot de fer. Il y a le droit. Et c'est mon droit, le droit de l'honnêteté violée, le droit de mes quatre petits enfants indignement spoliés, le droit des hommes de lettres, trop souvent écrasés, que j'ai l'honneur de revendiquer devant vous. »

EXPOSÉ

En fait,

Dans les premiers mois de l'année 1865, M. Alphand, auprès de qui je remplissais, depuis quatre ans et demi, les fonctions de chef de cabinet, ayant dans mes attributions le personnel, les affaires réservées, la revision des rapports rédigés à la hâte, me fit appeler dans son bureau, et me demanda si, sans cesser mes occupations administratives, je voulais collaborer avec lui à un livre, qu'il méditait de faire sur le Bois de Boulogne.

Je prie le Tribunal de vouloir bien remarquer, tout d'abord, ces deux expressions, que je n'emploie pas à la légère :

1° « *Sans cesser mes occupations administratives* », c'est-à-dire que l'ouvrage auquel j'allais m'atteler, était tout à fait en dehors de la besogne des bureaux ; n'avait aucun rapport, aucune relation avec la tâche administrative.

2° « *Collaborer* », c'est-à-dire travailler ensemble, comme d'honnêtes gens, à un ouvrage commun ; puis, l'ouvrage terminé, en partager la gloire et les bénéfices.

Collaborer ! C'était là l'appât par où l'on devait me prendre, le gâteau de miel que l'on me faisait entrevoir, pour m'allécher et endormir ma défiance.

Et comme, à toute affirmation de ma part, j'administrerai immédiatement la preuve, voici une lettre tout intime de M. Alphand, écrite précisément en 1865, où il m'appelle en toutes lettres, pour la première fois, *mon cher collaborateur.*

Quoique ces propositions de M. Alphand me dérangeassent considérablement dans les travaux littéraires que j'avais commencés pour moi-même, et dans ceux que je projetais pour tâcher de reconquérir mon indépendance perdue, je ne pouvais pas refuser.

J'acceptai donc, sans me douter de l'énormité et de l'aridité de la tâche que j'allais entreprendre. J'acceptai, sans faire aucune condition, m'en rapportant à la probité et à la gentilhommerie de mon collaborateur, et je me mis au travail.

II

Pour que le Tribunal puisse juger tout de suite, d'une vue d'ensemble l'étendue et l'importance de l'œuvre qui m'était confiée, il n'est peut-être pas inopportun de lui présenter, en raccourci, une sorte de tableau des matières multiples et diverses dont j'ai eu à m'occuper.

Tout d'abord, ce fut un fouillis de notes, aussi informes que mal rédigées, sur le Bois de Boulogne proprement dit :

Terrassements. — Entretien des routes. — Distribution des eaux. — Canalisation souterraine; matériaux des conduites; arrosage des allées, contre-allées et pelouses. — Lacs, pièces d'eau et ruisseaux, réservoirs des cascades; détails de construction et prix de revient des cours d'eau et cascades. — Forêts, plantations, pelouses, travaux de jardinage, pépinières, collections anciennes et nouvelles, plantations d'alignement, etc., etc.

Vint, après, un rapport fort sec sur les travaux d'architecture dudit Bois, comprenant :

Les kiosques, exèdres, embarcadères des lacs, pavillons des gardes, chalets de cafés et restaurants, poteaux-affiches et indicateurs, grilles d'entrées, moulin de l'Abbaye, tour de Longchamps, etc.

Ensuite, un long mémoire sur la création du Pré-Catelan, de l'hippodrome de Longchamps, du Cercle des patineurs, du Jardin d'acclimatation; sur les glacières, sur le puits artésien de Grenelle, sur le puits artésien de Passy, lequel comporte quatre périodes d'exécution des travaux.

Puis, un rapport sur le fleuriste de la Muette et de Vincennes, et sur les pépinières d'Auteuil, de Longchamps et de Petit-Bry-sur-Marne.

Voilà pour le Bois de Boulogne.

Je reçus, en second lieu, le Bois de Vincennes, avec toutes ses dépendances.

Le Parc Monceaux, les Buttes Chaumont, Montsouris, suivirent, ainsi que les Champs-Elysées, le Luxembourg, la multitude des squares et places de Paris; les avenues plantées, les plantations d'alignement, etc., etc.

Une chose à remarquer, Messieurs, c'est que, devant le manque de clarté de la plupart de ces documents, et l'indigence des descriptions que j'avais sous les yeux, je dus aller, à mes frais, me faisant scrupule de réclamer quoi que ce soit à l'Administration pour un travail qui n'était pas administratif, je dus donc aller, à mes frais, examiner longuement, minutieusement, l'un après l'autre, pour les décrire d'une façon claire et suffisante, chacun des articles soumis à ma revision; tels sont les kiosques, exèdres, chalets, pavillons de gardes, grilles du Bois de Boulogne; le Jardin d'acclimatation, le Cercle du patinage, les tribunes de Longchamps; les cascades; les puits artésiens, les glacières, le fleuriste, les serres, les pépinières; le bois de Vincennes en entier et ce qu'il renferme ; les grands parcs ; tous les squares successivement, celui des Innocents, notamment, qui réclamait une description historique et architecturale assez développée du chef-d'œuvre de l'immortel Jean Goujon.

Une seconde remarque à faire est la suivante :

Le format choisi pour la publication du Livre des « Promenades » avait été primitivement le petit in-4°.

Le bois de Boulogne était déjà imprimé presque en entier, corrigé, prêt à être tiré. L'éditeur Rothschild et M. Alphand, changeant alors d'avis, adoptèrent en dernier lieu le grand in-folio que vous avez sous les yeux. Il me fallut recommencer toutes mes corrections typographiques du bois de Boulogne, sur cet in-folio.

Par cet exposé succinct, le Tribunal peut se rendre compte déjà de l'importance considérable du travail auquel je me suis livré.

III

Maintenant, comment procédais-je dans ce travail ? Quelle marche ai-je dû suivre ? Quelle est ma part réelle de collaboration à l'œuvre ? Cela est du plus haut intérêt à établir, pour fixer de la façon la plus indiscutable mes droits d'auteur au Livre des « Promenades de Paris ».

On m'apportait donc, comme je l'ai dit tout à l'heure, force notes, rapports, renseignements, documents manuscrits, d'ingénieurs, de conducteurs des ponts et chaussées, d'architectes, de jardiniers en chef, de conservateurs des bois et promenades ; notes, rapports, documents, écrits en style dit technique, c'est-à-dire presque toujours d'une façon barbare, commune, triviale, incapable d'être reproduite dans un ouvrage imprimé, dont on voulait faire un livre de luxe, en même temps qu'une œuvre littéraire.

Entre cent autres, plus baroques encore que j'ai dû rédiger à nouveau sur les manuscrits, voici trois phrases, notamment, qui m'ont échappé, parce que la copie avait été envoyée par mégarde à l'imprimerie, sans passer sous mes yeux, et qui permettront au Tribunal de contrôler la véracité de mes allégations.

Il s'agit de la plantation à l'entreprise des arbres d'alignement.

« Pour satisfaire, dit le rédacteur inconnu, à la garantie qui leur était imposée, les
« entrepreneurs *prenaient des soins afin que les arbres végétassent* et produisissent
« quelque apparence de feuillage..... Mais ensuite l'intérêt de ces mêmes entrepreneurs
« était de ne rien faire pour l'entretien, et *d'aider au contraire à la mort des arbres...* »

Voici une autre phrase, dans le genre épique, due à la plume colorée de l'honorable Conservateur du Bois de Vincennes, M. Lepaute.

Parlant du bois de Vincennes :

« *Le niveau révolutionnaire*, s'écrie-t-il d'un ton tragique, fit rentrer la forêt de « Vincennes dans le domaine de l'Etat. »

Un niveau qui fait rentrer une forêt, c'est le sublime du genre.

Enfin cette autre du même écrivain, laquelle semble une réclame payante de la quatrième page d'un journal.

« Le kiosque, dit-il (il s'agit d'un restaurant auquel il s'intéresse visiblement), offre un abri aux nombreux promeneurs qui, *en prenant des rafraîchissements de premier choix*..... »

Et plus bas :

« Cet établissement appelé à occuper *le premier rang* parmi ceux du Bois de « Vincennes. »

Evidemment il était impossible de conserver de telles phrases, dans un livre édité avec un si grand luxe ; aussi je les modifiai radicalement.

Il me fallut donc revoir, corriger, refondre, remanier, traduire en français, avec des difficultés inouïes, le pathos qui m'était livré ; comme le statuaire reprend, retaille, façonne, polit, pour lui donner la forme, le mouvement et la vie, le bloc, à peine dégrossi, que le praticien lui apporte. Et si le mot de Buffon « la patience, c'est le génie » est vrai, je dois être doué véritablement d'un génie colossal ; car, pendant neuf années consécutives, j'ai dépensé à cette besogne ingrate, à ce labeur rebutant au delà de toute expression, une patience héroïque.

Mais ces notes, ces rapports, ces renseignements, ces documents des ingénieurs, des conducteurs, des architectes, des jardiniers, des conservateurs, non seulement étaient informes, mais presque toujours insuffisants.

Je dus alors faire de la copie de mon cru : tantôt de l'histoire, tantôt de la chimie, tantôt des descriptions d'architecture, de paysage, etc. ; et, enfin, pour la dernière partie de l'ouvrage proprement dit, la rédaction presque complète des squares et promenades.

J'ai promis au Tribunal d'apporter la preuve immédiate des faits que j'avançais :

Voici 1° pour les corrections, refontes, remaniements, un très petit nombre d'épreuves couvertes de mon écriture, que j'ai retrouvées par miracle, çà et là.

I. Bois de Boulogne.

Trois épreuves en petit format.

2ᵉ Epreuve, en grand format, des travaux d'architecture ; (et il y en a eu bien d'autres, puisque celle-ci n'est même pas paginée.)

1ᵉʳᵉ Epreuve des Puits artésiens et des glacières.

3ᵉ Epreuve du Fleuriste.

1ᵉʳᵉ Epreuve des Plantations.

1ᵉʳᵉ Epreuve du Jardin d'Acclimatation.

II. Bois de Vincennes.

Trois épreuves avec *mon bon à tirer*, etc., etc. Epreuves dix fois revues, corrigées, augmentées de ma main.

2° Pour ma rédaction entièrement personnelle, voici quelques fragments de mes manuscrits qui me sont restés, parmi ceux que j'ai jetés au panier.

Préambule du Bois de Boulogne — De l'arrosage au moyen de sels déliquescents. — Pré-Catelan. — Description de la grande cascade. — Jardin d'arboriculture du Bois de Vincennes. — Parc de Montsouris. — Square des Arts-et-Métiers. — Square des Innocents avec historique et la description de la fontaine. — Squares Sainte-Clotilde, — Montholon, — de la Trinité, — des Batignolles, — Louvois, — de Charonne, — Louis XVI ou de la Chapelle expiatoire, — Laborde, — Montrouge, — Monge, — Belleville, — Victor, — de la Chapelle, — Malesherbes, — de Grenelle. — Les Champs-Elysées (historique et description), etc., etc.

Ce sont là des preuves fort nettes, je pense, non seulement de ma collaboration comme révision et comme corrections du livre des *Promenades*, mais encore de ma coopération effective comme co-auteur dudit livre.

Ces preuves, par aventure, ne paraîtraient-elles pas suffisantes au Tribunal ?

En voilà d'autres tirées de la volumineuse correspondance que l'éditeur Rotschild m'a adressée, pendant neuf années consécutives.

PREUVES POUR LES CORRECTIONS

Voyons d'abord ce qui a trait aux corrections, qui, je le répète, ne sont pas de simples redressements typographiques ; mais, comme en font foi les épreuves restantes, des corrections considérables de texte, des adjonctions nombreuses de phrases, des changements fréquents d'expressions, etc.

Année 1867. (1)

Prière à M. Prat de vouloir bien *corriger ces deux feuilles et demie* qui sont la fin du Bois de Boulogne. (Page 41 du Recueil des lettres de l'éditeur Rotschild.)

1868.

Paris, le 29 mai 1868.

Monsieur,

J'ai l'honneur de vous envoyer ci-joint les feuilles de correction, avec les anciennes épreuves. Veuillez me faire le plaisir de *revoir* et de *corriger*. (Page 4.)

Paris, le 13 juillet 1868.

Mon cher Monsieur,

Vous devez avoir reçu les pages 45 à 48 l'autre jour, en 2me *correction*. Vous recevrez également, en 2me correction, les *Tableaux des plantes*. (Page 5.)

Paris, le 13 août 1868.

Mon cher Monsieur,

J'ai l'honneur de vous envoyer les feuilles 6, 7, 8.

Veuillez me faire le plaisir de les retourner *en bon à tirer*. (Page 3.)

Paris, le 22 septembre 1868.

Mon cher Monsieur,

Je vous envois (*sic*) deux épreuves, cette fois-ci, et je vous laisse faire..... (Page 6.)

Paris, le 27 novembre 1868.

Mon cher Monsieur,

Monsieur Hochereau a indiqué quelques corrections, et je vous les envois (*sic*). Veuillez donc voir avec lui, et me renvoyer l'épreuve *corrigée*, pour la faire corriger sans retard. Vous aurez alors une nouvelle épreuve (toujours placards), *afin que vous puissiez corriger définitivement*.

Vous recevrez demain *la fin de l'architecture, composée*. (Page 8.)

1869.

Paris, le 15 janvier 1869.

Prière à Monsieur Prat de vouloir bien *examiner* cette feuille, et de rendre au porteur la feuille *corrigée* de ce matin. (Page 10.)

Paris, le 16 janvier 1869.

Monsieur,

Je vous préviens de très bonne heure, afin de ne pas perdre de temps. Si je n'ai pas la feuille 3me *corrigée* avant une heure de l'après-midi, tout est manqué pour ce mois, et je ne pourrai plus paraître. Du reste, *je ne comprends pas la difficulté des corrections*... (Page 11.)

19 janvier 1869.

Prière à Monsieur Prat de vouloir bien *vérifier* les deux pages ci-jointes, pour lundi prochain..... (Page 12.)

---

(1) Outre ses épreuves corrigées, le requérant présente trois sources de *témoignages* :
1° le Recueil de la correspondance de l'éditeur Rotschild.
2° des lettres et notes de MM. Alphand, Rotschild, etc.
3° des notes et instructions de M. Alphand seul.

20 janvier 1869.

Prière à Monsieur Prat de vouloir bien m'envoyer de suite la 4ᵉ feuille, ou je suis obligé de suspendre. (Page 13.)

5 février 1869.

Prière à Monsieur Prat de vouloir bien *corriger* les deux pages, *et me marquer le placement des gravures sur la nouvelle épreuve*..... (Page 14.)

Paris, 17 juin 1869.

Prière à Monsieur Prat *de vouloir bien corriger ces 6 pages, et de reporter les gravures sur les placards.*

Veuillez me faire savoir si les *glacières* font un chapitre, ou seulement un paragraphe..... (Page 15.)

14 juillet 1869.

Veuillez me faire le plaisir *de corriger au plus vite* ce qui est entre vos mains, afin que nous puissions mettre en pages..... (Page 16.)

15 juillet 1869.

Monsieur,

Vous recevrez ci-joint la 3ᵐᵉ feuille, dont vous voudrez bien me renvoyer *le bon à tirer* aujourd'hui. On attend après pour le tirage.

Vous aurez la 4ᵐᵉ feuille dernière, ce soir, dont j'ai besoin *du bon à tirer* pour demain..... (Page 17.)

Paris, le 26 juillet 1869.

Monsieur,

Je vous envoie ci-joint 2 feuilles, avec les anciennes épreuves, veuillez, je vous en prie, *les corriger.* (Page 18.)

Pour M. *Rotschild*,
Samson.

Paris, le 11 septembre 1869.

Monsieur,

Veuillez me faire savoir si vous avez envoyé les feuilles *corrigées :*

1° *Fin du Jardin d'acclimatation ;*

2° *Le Puits artésien.*

Vous avez tout *entre vos mains ;* et je ne puis absolument rien faire, si je n'ai pas reçu *le bon à tirer....* (Page 21.)

Paris, le 14 décembre 1869.

Prière à Monsieur Prat de me renvoyer les *bons* de ces deux feuilles, au plus tard demain mercredi. Nous sommes sous presse, et nous attendons après. (Page 23.)

1870.

Paris, le....., 1870.

Prière à Monsieur Prat de vouloir bien revoir cette feuille 1ʳᵉ, et les deux pages de la 2ᵐᵉ feuille...

On doit tirer demain jeudi. (Page 24.)

Paris, le 9 avril 1870.

Monsieur,

..... Vous m'aviez promis pour aujourd'hui, samedi, le texte corrigé. Il me faut donc *ces 14 pages corrigées*, au plus tard pour mardi.....

Du reste corriger 14 pages, est, pour vous, *qui savez très bien le faire*, une bagatelle, et je ne comprends pas pourquoi vous le trouvez si difficile..... (Page 25.)

Monsieur,

J'ai promis à M. Alphand *tout le bois* (Vincennes) *corrigé* pour samedi.
Veuillez donc me donner :
1/3 aujourd'hui.
1/3 demain.
1/3 jeudi..... (Page 30.)

Paris, le 13 juin 1870.

- M. Rotschild m'a chargé de vous prier de vouloir bien lui renvoyer *corrigé*, le texte de la partie du Jardin *d'arboriculture*, et de *l'arboretum* (du bois de Vincennes). (Page 31.)

Paris, le 24 août 1870.

Monsieur,

J'ai l'honneur de vous envoyer ci-joint, deux feuilles.
Veuillez, s'il vous plaît, *revoir l'une en entier*, et *l'autre pour les deux pages*.....
(Page 32.)

1872.

Paris, le 15 février 1872.

Mon cher Monsieur,

Je viens de voir M. Alphand qui me dit que vous ne lui avez pas remis tout.
Je croyais qu'il avait tout.
Je vais aller le voir, et s'il a tout, il pourrait me rendre tout pour l'impression.....
(Page 37.)

20 février 1872.

Monsieur,

Vous savez que nous commençons par,
les Champs-Elysées,
Buttes-Chaumont,
Parc Monceaux, et autant (*sic*) que je n'ai pas le texte, je ne puis absolument rien faire. (Page 39.)

Mon cher Monsieur,

Pouvez-vous remettre au porteur les feuilles 45, 46 et 47 ?
On attend après pour mettre sous presse.
Est-ce que tout y est bien vérifié ? (Feuille 3, II.)

Ainsi, le Bois de Boulogne, les tableaux des plantes, l'architecture, le placement des gravures, le puits artésien, les glacières, le Jardin d'acclimatation, le Bois de Vincennes, le jardin d'arboriculture et l'arboretum de ce bois, les Champs-Elysées, les Buttes-Chaumont, le Parc Monceaux, et, comme on le verra tout à l'heure, l'intérieur de Paris, les squares, les places, etc., tout se trouve dans cette correspondance dont je n'ai pas conservé la moitié.

PREUVES DE LA COLLABORATION

Voici maintenant ce qui établit, d'une manière absolument irréfragable, ma coopération effective.

Paris, le 29 mars 1865.

Monsieur,

Je vous envoie ci-joints deux exemplaires des feuilles qui sont encore à tirer.....
Il faut que vous donniez quelques lignes afin de remplir les dernières feuilles.
Veuillez bien me faire le plaisir de voir pour les chiffres afin que nous n'ayons pas de désagrément au moment où l'on voudra tirer. (Page 2.)

1870.

Monsieur,

Un de mes amis m'a prêté, comme je vous l'ai promis, un exemplaire des forêts de la Gaule, et *vous y trouverez ce dont vous avez besoin.* (Page 26.)

A Monsieur Prat, à Paris.

Creuznach, 2 juillet 1870.

Mon cher Monsieur,

..... Les figures du *Champ de courses* sont sans texte, et il va sans dire qu'il est impossible de mettre une série de figures techniques, l'une après l'autre, sans leur donner une explication convenable. Il leur faut au moins autant que pour les dessins de l'arboriculture.....
..... *Je vous serais bien reconnaissant de faire écrire ces quelques lignes de description du champ des courses.....* (Page 29.)

1871.

A Monsieur Alphand.

Paris, 21 juillet 1871.

Je serais bien aise si nous pouvions avoir une conférence chez vous, à Passy, un matin de la semaine prochaine, *MM. Prat, Hochereau et moi, afin de tout bien décider pour la suite.* (Feuille 5, I.)

Paris, le 30 novembre 1871.

J'ai l'honneur de faire connaître à M. Prat, qu'il trouvera les renseignements historiques dont il a besoin *pour la rédaction de ses notices historiques,* dans les ouvrages suivants, etc. (Feuille 7, II)

Signé L. TISSERAND.

Mon cher Monsieur,

Voici quelques titres :
Jardin de Monceau près de Paris, appartenant au duc de Chartres..... Paris 1779.
Mangin. — Les Jardins anglais, français et chinois... Paris 1786.
Laborde. — Nouveaux jardins de France... Paris 1808.
Krafft. — Plans des plus beaux jardins de France.

J'ai remis à M. Hochereau un catalogue et une bibliographie. *Vous y trouverez une masse de livres que vous avez à consulter.* (Feuille 10, II.)

J'appelle tout particulièrement, à présent, l'attention du Tribunal sur les paragraphes suivants :

Prière à Monsieur Prat de vouloir bien échanger les pages 37, 38 que je vous ai données.....

Veuillez donc s. v. p., voir M. Hochereau, et, à vous deux, *mettre quelques lignes sur la Muette...* Vous devriez voir à la bibliothèque du Luxembourg, ou dans les ouvrages sur Paris. *Vous trouverez facilement de quoi broder quelques jolies phrases.*

Tâchez de faire, comme toujours, avec l'élégance de la plume de l'auteur de Spinoza..... (Page 33.)

Mon cher Monsieur,

Il me faut deux pages d'impression pour habiller ces bois. C'est absolument nécessaire. Je vous donne la liste ci-contre. (Page 35.)

Mon cher Monsieur,

..... Ci-joint la fin entière de l'œuvre ; mais nous tombons mal, et je pense qu'il y a moyen de remédier.

On pourrait *allonger un peu la description des Parcs, et ajouter une dizaine de lignes sur la Muette.*

Il me faut absolument 30 lignes en plus, et je vous laisse libre de les faire placer où bon vous semble. Il serait même bon si vous pouviez arriver à 35 lignes. (Page 36.)

A Monsieur Alphand,

Est-ce que Monsieur Prat *a commencé son texte de l'intérieur de Paris ?* J'ai eu l'honneur de vous laisser une note au sujet de la suite. Voudrez-vous, s'il vous plaît, *vous entendre à ce sujet avec Monsieur Prat ?* (Feuille 4 et verso, I.)

Mon cher Monsieur,

Avez-vous terminé la partie des squares, places, etc. ? (Feuille 2, II.)

Après toutes ces marques éclatantes d'une collaboration de tous les jours, de tous les instants, au Livre des *Promenades de Paris* ; je veux dire, et mes épreuves corrigées que j'ai eu l'honneur de montrer tout à l'heure au Tribunal, et la correspondance considérable de l'éditeur Rotschild, dont je viens de lire des extraits, reste-t-il encore quelques doutes dans l'esprit du Tribunal ?

Voici, je pense, qui va lever l'ombre même d'une incertitude dans son esprit.

Ce sont les précieux autographes à l'encre, au crayon, adressés à M. Prat par M. Alphand.

Paris, 6 avril 1863.

Mon cher collaborateur..... (Feuille 2, I.)

1866.

Monsieur Prat,

1° Faire tout copier d'urgence sur des feuilles volantes.

2° Relire *et corriger d'urgence* chaque feuille à mesure qu'elle sera copiée.

3° Avoir bien soin de piquer à leur place les dessins sur les feuilles copiées, et d'indiquer exactement les numéros de ces dessins. (Feuille 2, III.)

1866.

Monsieur Prat,

Cela est tout à fait insuffisant. Il faudrait dire comment on se procure les 2 sels, indiquer les quantités répandues, établir le prix par mètre superficiel dans une rue, et le comparer à l'arrosage ordinaire.

(Il s'agissait du chlorure de magnésium, et du chlorure de calcium que l'on tentait de substituer à l'arrosage par l'eau, sur les chaussées empierrées). — (Feuille 3, III.)

10 mars 1867.

Monsieur Prat,

Avez-vous *enfin corrigé* les épreuves pour M. Rotschild? (Feuille 1, I.)

Monsieur Prat,

Corriger d'urgence ces épreuves, et me remettre..... (Feuille 4, III.)

1868.

Monsieur Prat,

J'ai voulu commencer aujourd'hui à m'occuper du Pré-Catelan. *Mais je n'ai pas trouvé votre travail.* Qu'est-il devenu? (Page 6, I.)

(M. Alphand avait perdu ce travail. Force fut à M. Prat de le recommencer.)

12 octobre 1872.

Monsieur Prat,

Relire avec soin, *corriger* et envoyer successivement les feuilles à M. Rotschild pour le tirage définitif, en laissant la place des bois..... (Feuille 7, I.)

3 février 1873.

Monsieur Prat,

Mettez une note dans ce sens à l'encre, et renvoyer ce soir à M. Rotschild. Où en êtes-vous des épreuves de l'Exposition? etc., etc., etc. (Feuille 1, III.)

La chose est donc réglée, et d'une manière indiscutable. M. Jules Prat est bien le co-auteur principal du célèbre livre des *Promenades de Paris.*

DE L'INTRODUCTION

IV

Jusqu'ici, Messieurs, je n'ai rien dit de l'Introduction du livre des *Promenades.*

C'est une fort curieuse histoire qui rappelle, d'une façon frappante, la charmante fable de La Fontaine, *Le geai paré des plumes du paon*.

Quand le livre des *Promenades* proprement dit fut terminé, M. Alphand songea à le faire précéder d'une Préface, composée par lui.

Mais quoi dire ? c'était là le difficile. Car, pour exposer quelque chose d'acceptable, en pareille matière, il faut, outre une aptitude naturelle très marquée dans les arts, ce qui n'appartient pas à tout le monde, avoir fait une étude approfondie des styles divers adoptés par les différents peuples, pour la décoration des parcs et jardins, au cours des âges et des civilisations ; il faut, de cette étude, se former un fonds d'idées générales, se créer une théorie propre et rationnelle ; et, finalement, présenter, dans des notions claires et précises, la synthèse de ses méditations et le résultat de ses recherches.

Dans cette lamentable conjoncture, M. Alphand eut une heureuse inspiration. Il chargea un architecte de son service, homme de la plus haute valeur, M. Ernest Hochereau, qui lui avait fait tous ses plans, tous ses projets, tant pour la décoration de Paris que pour les expositions, de lui écrire quelques mots sur l'art et l'architecture des jardins.

M. Hochereau se mit aussitôt à la besogne, et, dans l'espace d'un mois, écrivit au courant de la plume, pour ainsi dire, une Introduction, qui est un résumé, aussi concis qu'instructif, de science, d'histoire, d'art, de théories et de vues nouvelles sur la décoration des parcs et des jardins.

M. Alphand trouva la chose de son goût, et, sans y ajouter une ligne, l'envoya immédiatement telle quelle à l'éditeur Rotschild, pour la faire imprimer.

Quand M. Hochereau reçut la première épreuve de son Introduction, il se trouva assez embarrassé. Il n'avait jamais rien imprimé. Il avait jeté à la volée, sur le papier, les idées, fruit de fortes et patientes études, amassées dans sa tête depuis une trentaine d'années, sans y attacher autrement d'importance. Il craignit de n'avoir pas suffisamment et correctement rendu sa pensée. Il vint alors vers moi, et me demanda si je voulais bien revoir avec lui, les épreuves de son Introduction. J'y consentis très volontiers, ayant en haute estime le caractère et le talent de M. Hochereau.

Pendant plus de six semaines, nous revîmes ainsi, en quatre ou cinq épreuves successives, ligne par ligne, mot par mot, cette Introduction, rectifiant des expressions, arrangeant des phrases, développant une idée, modifiant un point de théorie, conservant des textes excellents que M. Hochereau, dans son excessive modestie, croyait superflus ; et, finalement, cette Introduction, qui est foncièrement l'œuvre de M. Hochereau, cette Introduction qui est un véritable traité sur la matière, cette Introduction que l'on vient consulter journellement aux bibliothèques, qui, plus que toute autre chose, a fait la renommée de M. Alphand, quoique, je le répète, IL N'EN AIT PAS ÉCRIT UNE PHRASE, cette Introduction fût imprimée en tête du livre des *Promenades*.

Voici les preuves de ce que j'avance :

— 2ᵉ épreuve corrigée de l'Introduction, du 28 octobre 1872 :

Toutes les corrections à l'encre noire sont de M. Jules Prat ; toutes les corrections à l'encre rouge sont de M. Hochereau.

M. Alphand n'y a rien fait.

— 3ᵉ épreuve corrigée de l'Introduction, du 9 novembre 1872 :

Les corrections à l'encre sont de MM. J. Prat et Hochereau.

M. Alphand n'y a rien fait.

— 4ᵉ et 5ᵉ épreuves corrigées de l'Introduction, du 23 novembre 1872 et suivants :

Les corrections sont de M. J. Prat.

M. Alphand n'y a rien fait.

Voyons maintenant quelques épaves de la correspondance de l'éditeur Rotschild à ce sujet.

Année 1873

— Prière à Monsieur Prat *de me faire parvenir l'Introduction.* Il m'est impossible de terminer, si je ne l'ai pas cette semaine. (Page 49.)

— Prière à Monsieur Prat *de revoir* les trois pages corrigées ci-jointes *avec M. Hochereau.* (Page 47.)

— Monsieur Hochereau vous attend pour *faire les dix lignes de description avec lui.* (Page 48.)

— Monsieur Hochereau a reçu de moi deux feuilles à revoir. *Veuillez les revoir s. v. p. vous aussi.* (Feuille 4, II.)

26 mars 1873.

J'envoie ci-joint à M. Prat une autre feuille, avec prière de vouloir *bien la corriger de suite.* (Page 40.)

Monsieur Prat,

Je vous envoie *la fin que je vous prie de voir.* (Page 45.)

Un mot maintenant, pour finir, sur cette fameuse Introduction.

L'éditeur Rotschild avait, en magasin, quelques pages fort sèches et fort incomplètes, pompeusement intitulées *L'art des Jardins.*

Désirant vivement utiliser de nouveau les bois nombreux qui avaient servi au livre des *Promenades*, M. Rotschild alla trouver M. Hochereau, et lui demanda de se joindre à l'auteur de l'ébauche appelée *L'Art des Jardins*, pour refondre entièrement et compléter ladite ébauche.

Chat échaudé craint l'eau froide, dit le proverbe. M. Hochereau, qui avait été déjà passablement échaudé, comme nous l'avons vu, craignant, et non sans raison, la même aventure, déclina poliment l'offre qui lui était faite.

L'éditeur Rotschild songea alors à l'Introduction du livre des *Promenades*. Il en conféra avec M. Alphand, et cette introduction de M. Hochereau, revue avec M. Jules Prat, fut dépecée article par article, et jointe à l'ébauche dite *L'Art des Jardins*, laquelle présente des points de ressemblance bien étonnants avec les premières pages de l'Introduction du livre des *Promenades*.

Je ne veux pas fatiguer le Tribunal du tableau de ces comparaisons. Il suffira, pour appuyer mon dire, de citer la phrase suivante, extraite textuellement de l'Avant-propos de l'éditeur du dit *Art des Jardins*.

« Pour ce travail entièrement refondu, dit l'éditeur, nous avons obtenu » le précieux concours de M. Alphand, qui a bien voulu nous autoriser à » reproduire les préceptes formulés dans l'Introduction de son grand » ouvrage sur les *Promenades de Paris*. »

Du reste, dans ce nouvel ouvrage, comme dans le précédent, pas un mot sur le véritable auteur des *préceptes*, et sur son collaborateur.

V

Après cette masse de preuves, tant manuscrites qu'épistolaires, je ne veux pas croire qu'il puisse exister la moindre hésitation, dans l'esprit du Tribunal, sur mes droits d'auteur au Livre « des Promenades ».

Ce livre a été tiré à **1,650** exemplaires (1). Il se vend **500** francs l'exemplaire ; ce qui représente, *au minimum*, une somme de **825,000** fr.

Quant à l'Introduction proprement dite, qui a été extraite du Livre « des Promenades », pour être accommodée, tant bien que mal, à l'ouvrage appelé *L'Art des Jardins*, je n'ai pas de donnée précise sur le chiffre des tirages ; mais je sais qu'il s'en est vendu, et qu'il s'en vend toujours un nombre considérable, au prix de 20 fr. l'exemplaire.

Et, maintenant, quelle a été la rémunération du collaborateur principal de M. Alphand, pour tant de travail, de soins et de patience ; pour

---

(1) **1450** sur papier ordinaire, **200** sur *Hollande*.

un labeur si acharné, si difficile, si ingrat, si fastidieux, qui a duré neuf années?

Messieurs, le collaborateur principal de M. Alphand, M. Jules Prat, quoique bien pauvre et chargé de famille, n'a pas reçu un centime pour sa peine, *pas plus de l'éditeur Rotschild, que de M. Alphand, ni de qui que ce soit;* mais les frais de courses qu'il a faites, sont restés à son compte.

— Mais, direz-vous, ce collaborateur principal a eu au moins une part de la gloire qui rayonne autour du nom de M. Alphand?

Messieurs, voici la première feuille de l'ouvrage : « Les Promenades de Paris, par M. Alphand, etc. » et rien de plus.

A la page suivante, les noms des collaborateurs pour le dessin, mais vainement vous y chercherez celui du véritable co-auteur.

Aux Expositions de Vienne, en 1873, de Londres, en 1874, de Bruxelles, en 1876, de Paris, en 1878, de même que sur les prospectus de l'éditeur, on voit bien annoncées, pompeusement :

LES PROMENADES DE PARIS. — Auteur : M. Alphand ;

puis, plusieurs collaborateurs pour les notes fournies ; un collaborateur de fantaisie, M. Grégoire ; un seul collaborateur tout à fait sérieux, M. Hochereau. Mais, ici encore, on cherchera vainement le nom du principal co-auteur, M. Jules Prat.

— Mais alors, direz-vous encore, comme reconnaissance de ses bons offices, puisqu'il ne l'a ni payé, ni nommé, M. Alphand a fait à *son cher collaborateur,* une belle position dans sa vaste administration ?

Messieurs, je m'étendrai plus au long sur ce sujet, dans ma réplique, si l'on m'y force.

Ce que je puis dire sommairement, dès à présent, et M. Ernest Hamel, l'historien, le confirmerait au besoin, c'est que, durant les quinze dernières années que j'ai passées dans l'administration de M. Alphand, il n'est sorte de passe-droits pour mon avancement, de persécutions sourdes, d'humiliations, d'outrages même, dont je n'aie été victime. Et aujourd'hui, mis brutalement à la retraite, contre tous les usages, avant le temps voulu, pour donner mon emploi de Conservateur, créé par un dur et long travail, à un ancien commandant d'artillerie âgé de 73 ans, déjà retraité au Ministère de la guerre, je jouis, après trente ans de services distingués, tant au Ministère de l'intérieur qu'à la Ville, d'une chétive pension de 2,150 francs, pour nourrir une femme et élever quatre petits enfants.

— C'est que vous n'étiez pas un bon employé, dira-t-on.

Permettez-moi, Messieurs, quoiqu'en puisse souffrir ma modestie, de vous donner connaissance de notes que M. Alphand a fournies sur mon compte, pendant dix ans; notes signées de sa main.

1861.

Excellent employé, écrivain remarquable, intelligent, très dévoué et très distingué d'éducation, d'esprit et de tenue.

1862.

Monsieur Prat a une instruction et une éducation bien supérieures à la position qu'il occupe. Il me rend d'excellents services.

1863. — 1864. — 1865.

Je persiste dans mes appréciations sur cet employé très distingué.

1866. — 1867. — 1868. — 1869.

Employé très distingué, services exceptionnels.

Comme compensation à tant d'injustices et de misères, j'ai eu le bonheur d'apprendre, il est vrai, que notre livre, le livre des *Promenades* a été offert par M. Alphand, avec une belle dédicace écrite de sa propre main, à quantité de têtes couronnées.

Ainsi, par exemple :

1° A Sa Majesté le Roi de Saxe.
2° A Sa Majesté le Roi des Belges.
3° A Sa Majesté l'Empereur d'Autriche.
4° A Sa Majesté le Roi de Suède.
5° A Sa Majesté le Roi de Danemark.
6° A Sa Majesté le Roi de Portugal.
7° A Sa Majesté le Roi d'Italie.
8° A Sa Majesté l'Empereur de Russie.
Enfin, 9° *A Son Altesse la Princesse Royale de Prusse.*
Et, pour clore la série:
10° A Sa Majesté le Roi de Prusse, celui qui a ravagé et démembré la France.

C'est un grand honneur pour un chétif auteur tel que moi, je l'avoue, un honneur tout à fait inespéré, un honneur qui compte dans la vie, de penser que sa prose a peut-être été parcourue, sous le voile épais de l'anonyme, à la vérité, par les augustes yeux de si hauts personnages.

Mais, comme dit le fabuliste :

> Le moindre grain de mil
> Aurait bien mieux fait mon affaire.

Et, depuis quinze ans, je l'attends vainement, ce pauvre petit grain de mil.

— J'entends d'ici mon adversaire s'écrier :

C'est bien, nous ne contestons pas votre collaboration au livre des *Promenades*, puisqu'elle crève les yeux ; nous ne nions pas les preuves que vous apportez, parce que malheureusement les écrits restent ; *scripta manent*. Mais le livre des *Promenades de Paris* est un ouvrage administratif. Vous avez été payé de votre travail comme employé de M. Alphand, quel que soit le chiffre des émoluments que vous avez reçus. Par conséquent, vous êtes mal fondé à réclamer quoi que ce soit à cet égard.

J'ai touché déjà quelques mots de ceci en commençant.

Deux preuves mettent à néant cette allégation.

— 1° Quand un employé d'administration part en congé, il n'est pas d'usage de le faire suivre, dans son congé, de la besogne administrative.

Or, Messieurs, comme je vais le prouver par quelques fragments de la correspondance de M. Rotschild, il n'est pas un seul de mes congés où je n'aie été poursuivi par les épreuves du livre des *Promenades*.

Paris, le 6 août 1867.

Monsieur,

Etes-vous réellement à Saint-Honoré-les-Bains ? Je ne puis le croire. Faites-moi donc le plaisir *de revoir* tout ce que vous avez du *Bois de Boulogne emporté avec vous*. (Page 1.)

Paris, le 26 juin 1869.

Mon cher Monsieur,

Vous recevrez par le même courrier (c'était dans une campagne près de Condé-sur-Vesgres) la feuille 5 que vous *voudrez bien voir et corriger bien clairement*. (Page 7.)

31 août 1869.

J'ai l'honneur de vous adresser par la poste *(à Bagnères-de-Luchon)* une nouvelle feuille en double. *Veuillez la voir.* (Page 20.)

13 juillet 1872.

A Monsieur Hochereau.

Mon cher Monsieur,

Je suis bien ennuyé, car M. Alphand me disait que M. Prat *ne lui a pas donné tout le travail sur les squares*. Pourtant M. Prat m'affirmait le contraire.

Faites-moi donc le plaisir de lui faire envoyer *l'incluse par la poste*... (Page 38.)

— 2ᵉᵐᵉ preuve, absolument irréfutable, pour tout homme au fait des usages administratifs.

Lorsqu'un ouvrage, de l'importance du livre des *Promenades*, est fait par l'administration, cet ouvrage est imprimé aux frais de la Ville, à l'Imprimerie Nationale.

Voici, par exemple, un livre très remarquable sur Étienne Marcel, écrit par M. Perrens, d'après une commande de la Préfecture de la Seine. Ce livre, comme vous le voyez, a été imprimé aux frais de l'Hôtel de Ville, à l'Imprimerie Nationale.

Il en est de même pour l'Histoire générale de Paris, qu'édite la Direction des Beaux-Arts. Sous l'Empire, cette histoire était imprimée par l'Imprimerie Impériale.

Le livre des *Promenades*, tout au contraire, a été imprimé *entièrement* aux frais de l'éditeur Rotschild, sans aucune subvention municipale, chez l'aimable et regretté M. Jules Claye.

Enfin, ce Livre « des Promenades » est si peu un ouvrage administratif, que M. le préfet Haussmann, fort irrité que M. Alphand se fût permis de publier un ouvrage de ce genre, sans lui en donner seulement avis, s'est obstinément refusé, durant toute son administration, à faire souscrire une seule livraison dudit ouvrage, pour la Préfecture de la Seine.

C'est, je crois, M. Henri Chevreau, son successeur, qui a consenti à en prendre quelques exemplaires ; et, après lui, le Conseil Municipal

Je ferai remarquer, d'ailleurs, qu'un ouvrage administratif, à l'ordinaire, n'est pas un objet de commerce. L'ouvrage terminé, il est reçu par un chef de bureau. Les exemplaires, comptés par des employés spéciaux, sont distribués *gratuitement* à qui de droit, ou emmagasinés. Mais il n'y a pas, à proprement parler, d'opération commerciale ; c'est-à-dire d'achat par le public, ni de vente aux particuliers, dans une boutique ouverte à tout le monde.

Ici, tout au contraire, nous trouvons une affaire de commerce très nettement caractérisée; car le Livre des « Promenades » a été reçu directement, *et sans aucune intervention de l'Administration*, par l'éditeur Rotschild, au sortir même de l'imprimerie de M. J. Claye. Ce sont ses commis, à *lui*, Rotschild, qui ont fait le compte des exemplaires reçus. Et, depuis le jour où cet ouvrage est entré dans son magasin, il a été mis à la disposition de tout acheteur pouvant débourser la somme de cinq cents francs.

L'objection du travail administratif est donc, j'imagine, radicalement, coulée à fond.

— Enfin, dira-t-on peut-être, à bout d'arguments, puisque vous êtes si sûr de votre droit, pourquoi avez-vous tant tardé à le faire valoir ? Le Livre « des Promenades » a été mis en vente à la fin de l'année 1873, et, c'est seulement à la fin de l'année 1886 que vous vous êtes décidé à réclamer !

L'observation est naïve, et trop aisée à réfuter.

J'étais employé dans les bureaux de M. Alphand. Le lendemain du jour où j'aurais eu le malheur de faire entendre même une plainte, la révocation de mon emploi m'aurait été signifiée, sans phrases, par un ukase d'autocrate. Or, j'avais le devoir étroit de songer à la subsistance de ma famille.

En outre, dans la fonction toute nouvelle où j'avais été relégué, sans avoir été consulté, j'étais responsable d'une comptabilité considérable d'imprimés, de livres, de plans, d'atlas, de planches, de brochures soumises à un va-et-vient perpétuel.

Au cas d'une revendication de ma part au Livre « des Promenades », j'avais à redouter, à l'appui de ma révocation, une insinuation contre ma probité.

C'est pourquoi, quand j'ai été mis à la retraite, comme l'on congédie un domestique, ai-je exigé une enquête minutieuse et sévère sur mon administration ; et, malgré les aberrations du vieil adjoint militaire qui m'avait été imposé, et qui m'a remplacé (quoique le libellé de ma mise à la retraite porte : « par suppression d'emploi ») il a bien fallu me donner, bon gré, mal gré, décharge pleine et entière de ma gestion.

L'objection du retard apporté à ma réclamation est donc, comme la précédente, mise à néant.

Ainsi, Messieurs, vous avez devant vous un honnête homme, naïf si vous le voulez, qui a consumé neuf années, les plus vigoureuses de sa vie, négligeant forcément les travaux particuliers qui devaient le rédimer d'esclavage, à la besogne intellectuelle la plus ardue et la plus rebutante qu'il soit possible d'imaginer ; je veux dire : mettre en français le langage des autres, développer des idées qui ne sont pas siennes, ajouter de son propre fonds à des matières aussi arides que vulgaires.

Et, pour prix de ce labeur énervant, de cette tâche abrutissante, de ce contact quotidien avec une langue triviale où l'on se sent perdre chaque jour quelque chose de son acquis littéraire, ce malheureux homme n'a récolté que persécutions, humiliations et dénis de justice ; et, à deux pas de la tombe, il voit avec terreur, dès qu'il ne sera plus, sa famille vouée à la misère, ses petits enfants, privés de l'éducation qui leur est due, descendre du rang, où depuis plusieurs siècles, s'étaient élevés leurs parents.

Vous ne consacrerez pas, Messieurs, une telle iniquité. Vous accorderez au travailleur le salaire de son travail. Vous aurez compassion de cette mère de famille dont la vie est bien dure depuis dix-huit années, et que les cruelles nécessités de l'existence ont forcée d'abandonner l'art de la céramique, où elle excellait ; vous prendrez en pitié ces quatre petits enfants si bien doués, si dignes d'intérêt, dépouillés de ce qui leur appartient.

Messieurs, il n'y a pas de protecteurs plus naturels des hommes de lettres que les magistrats, parce qu'il n'y a pas, dans l'Etat, de corps plus lettré que la magistrature. Vous rendrez justice, Messieurs, une haute et impartiale justice. Vous couvrirez de votre égide l'opprimé. Vous soutiendrez le bon droit ; et cette parole douloureuse de Voltaire : « L'homme de lettres est sans secours » ne trouvera pas son application dans cette enceinte.

Paris, le 1er mai 1888.

J.-G. PRAT,

AVOCAT,

ANCIEN CONSEILLER DE PRÉFECTURE,

MEMBRE DE LA SOCIÉTÉ DES GENS DE LETTRES.